Pier Francesco Cellai

Essere e saper essere

Pier Francesco Cellai

Essere e saper essere

Sociologia della leadership

Edizioni Sant'Antonio

Imprint
Any brand names and product names mentioned in this book are subject to trademark, brand or patent protection and are trademarks or registered trademarks of their respective holders. The use of brand names, product names, common names, trade names, product descriptions etc. even without a particular marking in this work is in no way to be construed to mean that such names may be regarded as unrestricted in respect of trademark and brand protection legislation and could thus be used by anyone.

Cover image: www.ingimage.com

Publisher:
Edizioni Accademiche Italiane
is a trademark of
Dodo Books Indian Ocean Ltd. and OmniScriptum S.R.L publishing group

120 High Road, East Finchley, London, N2 9ED, United Kingdom
Str. Armeneasca 28/1, office 1, Chisinau MD-2012, Republic of Moldova, Europe
Printed at: see last page
ISBN: 978-613-8-39462-4

Questo libro tratta di tutti quei cambiamenti che spesso le persone cosiddette di successo hanno adottato oppure apportato alla propria esistenza per far si che potessero autodeterminarsi emancipandosi il più possibile dalle difficoltà della vita sia economiche che relazionali. Ognuno di loro ha dovuto mettere in atto una condotta che in ogni caso, sia che si trattasse di un'azienda sia che si trattasse di amministrare la propria famiglia ed i relativi beni, è sovrapponibile a quella di un leader che genera una mentalità, rende partecipi tutti degli scopi e non per ultime ha capacità di risoluzione dei problemi e di far socializzare i componenti. Praticamente come quasi tutti gli imprenditori di successo oppure come molti genitori sul pianeta Terra tanto che in sociologia la famiglia è definita come una agenzia dove avviene il processo primario di socializzazione.

L'ispirazione

Siamo stati creati ad immagine del costruttore. Ecco perche il pittore ama dipingere, il muratore costruire ed il cuoco cucinare. Lessi una cosa simile in un libro di automiglioramento che cercava di spiegare il perché della nostra esistenza sul pianeta terra. Devo dire che a distanza di anni quando mi domando chi sia veramente ho sempre in mente l'idea di essere un avventuriero ed un costruttore. Non importa che l'avventura non sia in mezzo al mare ma sia un'avventura urbana, non importa cosa stia costruendo. Che si tratti di avventurarsi in spazi inesplorati oppure di cortili di vecchi palazzi, che si tratti di costruire una famiglia o che si stia costruendo un piccolo castello con i mattoncini non importa realmente. Devo citare inoltre le parole di risposta di un caro amico al quale una volta confidai con tono sconsolato che forse in fin dei conti non ero ne' carne nè pesce. In questa società dove si viene identificati solo per il nostro mestiere oppure per lo spessore del portafoglio a discapito dello spessore intellettuale ecco che sentirmi dire che il mio essere ne' carne ne' pesce era il sale della vita, questo mi fece vedere oltre ogni stereotipo di uomo vincente. Oltre ogni immagine di uomo etichettato solo come il ragioniere, l'operaio, il carabiniere, l'infermiere, il politico, il sociologo, l'ingegnere etc... Chi può dire di essere solo una di queste professioni. Conosco artigiani che lavorano con maestria il ferro che dismesse le vesti della fucina indossano il grembiule da cucina e che per le loro preparazioni gastronomiche così raffinate potrebbero tranquillamente competere con chef pluristellati. Conosco persone insospettabili che divenute burocrati per necessità sognano e segretamente dipingono con mano felice quadri al pari di molti impressionisti francesi. Conosco un uomo che talmente umile e riservato sta salvando dalla polvere delle soffitte dipinti dell'ottocento e del novecento che stanno cadendo nell'oblio per colpa di una società più digitale. Le persone più umili sono spesso le migliori, non hanno bisogno di scimmiottare od ostentare niente. Siamo tutti creatori e l'ispirazione è la nostra guida. Quando non la troviamo è perché spesso stiamo mettendo la confusione del mondo nella nostra testa. Calma quindi e trova l'ispirazione.

Il leader

è una persona che guida con successo un'impresa e riscuote il consenso delle persone che lo circondano perché riesce a condividere gli ideali proposti facendogli comprendere pienamente lo scopo del loro agire.
Per essere un buon leader bisogna però conoscersi ed essere intimamente consapevoli di ciò che si sta conducendo e dove si sta andando. Il leader infatti conduce il team ma nello stesso tempo sia lui che il suo team procede unitamente.
Nell'epoca moderna la persona che riesce ad autodeterminarsi svincolandosi da ogni stereotipo di persona di successo e conducendo la sua vita in direzione della felicità viene chiamata leader di se stesso. Trovo che nel corso degli anni questa definizione abbia un po' mutato il suo tono autorevole avvicinandosi a quello un po' più critico e canzonatorio affibbiato talvolta a personaggi che non hanno saputo costruire. Un po' come la definizione di Tiranno che inizialmente non avrebbe avuto nessuna accezione negativa e poi con lo scorrere del tempo e degli eventi si.

L'autodeterminazione

è il risultato di più condotte volte a sganciarci da tutti quei fardelli imposti che spesso ci danno molte preoccupazioni e pochi momenti di svago. E' inutile dire che in questo discorso sulla emancipazione e sulla libertà non rivesta un importante ruolo l'aspetto delle risorse economiche e la capacità di generarle e di mantenerle nel tempo. Vedremo più avanti come un'azienda sia florida quando permane la propria floridità nel tempo. Così capita con le persone e le famiglie. La serenità nella gestione della quotidianità, la ricchezza delle relazioni interpersonali, la comprensione delle dinamiche che ci circondano e non per ultimo l'aspetto patrimoniale che in base alle situazioni può andare ad incidere sul resto.
Durante l'agire la caratteristica che deve sempre essere presente è la motivazione personale che nel caso della leadership deve essere fatta comprendere e sposata dal gruppo diretto dal leader che riconoscono l'autorità del loro condottiero. Quest'ultimo ha il gravoso compito di creare la mentalità vincente all'interno del proprio gruppo nonché la capacità di risolvere continuamente situazioni di criticità durante l'esperienza di lavoro.

Un ottimo potenziale non conosciuto è come se non esistesse

Nel corso della nostra vita incontriamo persone straordinarie ognuno di loro semplicemente volendolo potrebbe cambiare in meglio il corso della storia dell'uomo. Qualità e abilità che talvolta ci lasciano a bocca aperta dallo stupore. Tra quelle persone ci sei anche tu! Solo che forse nessuno prima di adesso te lo aveva fatto notare. Prendi una penna e un foglio di carta e scrivici sopra tutto quello che sai fare! Non sai fare niente? Fidati che non è vero, semplicemente al momento non riesci a fare il punto della situazione perché ancora non hai capito come fare il cambiamento.

Cerca uno o più mentore

Nessuno nasce con una competenza precisa ma sviluppa abilità e dimostra predisposizione durante il corso della vita. Il mentore è quella persona che ha già raggiunto l'abilità e la posizione alla quale stai cercando di avvicinarti e per la quale altrimenti impiegherai più tempo a raggiungerla. Non necessariamente il mentore dovrà essere una persona fisica ma potrà essere anche un personaggio storico che con la suo condotta può ispirarti nel cammino. Potrebbe essere Nelson Mandela se vuoi ambire a guidare una nazione, Florence Nigtingale se hai una propensione ad assistere gli ammalati etc...

Nel corso dei secoli gli uomini che hanno fatto la storia hanno tratto ispirazione sempre da qualcuno. Non si è trattato di innovatori con invenzioni incredibili ma spesso di applicazioni o unioni di scoperte precedentemente fatte.

Nessuno inventò le onde radio semplicemente qualcuno ne scoprì l'esistenza diventando famoso.

Mamma e Papà

Loro ti daranno l'affetto ma non potranno mai darti tutte le competenze come del resto io, tu o chiunque altro non potrà mai completare il percorso formativo che hai scelto di percorrere. Certo è che se hai deciso di prendere in mano la vigna che i tuoi avi piantarono cento anni fa allora è meglio se segui le indicazioni dei tuoi genitori perché fare impresa ininterrottamente per cento anni o anche solo cinquanta non è un impresa comune. Quello che ti daranno invece di fondamentale i tuoi genitori sarà l'amore. Avere i soldi e non essere amati è inutile.

Lontano dagli sfruttatori- Allontana le persone tossiche

Hai deciso di impegnarti finalmente hai capito che non conta dove sei nato ma dove andrai seguendo i tuoi sogni. Hai capito che nell'olimpo oltre che hai soliti inutili raccomandati ci possono arrivare anche chi veramente merita. Hai capito che spesso nessuno ti aiuta e che se cadrai ti rialzerai sempre solo con le tue forze e ce la farai. A questo punto potrebbero iniziare ad avvicinarsi a te persone che potrebbero per interesse, per invidia o per povertà intellettuale minacciare la tua marcia verso il prossimo traguardo stimato. Allontanati immediatamente da loro. Non è salutare frequentare persone come queste. Loro cercheranno di sfruttarti in tutti i modi gravandoti di una fatica imprevista che ti rallenterà e che oltretutto non farà bene dal punto di vista della crescita interiore nemmeno a chi ti sfrutta perché rimarrà sempre un parassita e non imparerà mai a cavarsela. Diverso sarà invece chi ti si affiancherà con animo umile e desideroso di imparare. E' proprio quando ti spogli dell'orgoglio e ti poni nella condizione del discente che apri la tua mente all'apprendimento.

Ambizioso Arrabbiato Affamato

Riprendo queste tre condizioni ascoltate in un discorso di un famoso imprenditore di successo. Spesso queste tre caratteristiche dell'anima vengono etichettate negativamente dalla maggior parte delle persone. Niente di più sbagliato! Queste tre caratteristiche ricorrono spesso come fondamentali per la crescita personale.

L'ambizione

quando è sana contribuisce a realizzare dei sogni e mostra la strada o almeno può motivare le persone a migliorarsi anche loro semplicemente cercando di emulare la condotta ambiziosa.
La maggioranza delle persone utilizza la parola ambizione con accezione negativa. Spesso sono le stesse persone che vedono sempre il bicchiere mezzo vuoto.

La rabbia

ha intrinsecamente custodito anche l'amore. L'amore è quella percentuale positiva che evita e scongiura l'odio. Rabbia e non invidia. Rabbia come voglia di vincere. Quando sento dire che l'importante è partecipare rimango sempre molto perplesso. Rispetto comunque il pensiero ma continuo a rimanere perplesso.

La fame

è spesso utilizzata nei discorsi delle persone di successo come una delle condizioni senza la quale si va a rilento nella vita. La fame citata da Jobs è la stessa fama citata da Briatore. Fame di conoscenza. Fame di imparare. Una continua voglia di vincere.

Il business non dorme mai (carpe diem)

Chi dorme non piglia pesci

Ma anche... il denaro non dorme mai!

Nella tradizione popolare carpe diem potrebbe essere semplicemente tradotto in chi dorme non piglia pesci. C'è sempre un'occasione che aspetta di essere presa. Anche il momento apparentemente più critico può rivelarsi favorevole per una nuova sfida. Ieri andava il petrolio oggi il solare domani chissà ma se sei bravo a fiutare il cambiamento e prendi l'occasione al volo ecco che il gioco è fatto!
N.B. Attenzione qui si è parlato solo di sfide.
Sfide che prima di iniziare il percorso di cambiamento erano solo problemi, problemi, problemi.

Trasforma la potenza in atto (Sun Zu)

Ora basta strare a guardare alla finestra. Scendi in campo e diventa protagonista. L'attesa non è mai una cosa inutile. Può essere considerata una strategia. Come il caimano attende e poi annichilisce la sua preda ecco che questa situazione di stallo prima o poi termina sostituita da un'azione potente in grado di ottenere un risultato.
Il concetto di trasforazione della potenza può essere anche inteso come la capacità di un soggetto di mettere in pratica le abilità maturate nel tempo andando a sviluppare progetti elaborati in maniera dettagliata grazie anche al fattore tempo.
Anche in questo caso la volontà del soggetto e determinante oltremodo l'essere principiante e comunque non completamente esperto in tutto, ecco perché come potremo vedere in questo libro è necessario circondarsi di bravi consulenti.

Time is money

E' chiaro che che l'unico fattore che ancora non possiamo controllare è lo scorrere del tempo. Ecco perché è proprio mediante il suo utilizzo ottimale che riusciamo a mettere in atto quella serie di condotte nel tentativo di raggiungere la felicità.
Ogni essere umano a modo suo interpreta il senso della vita. Chi sperimenta, chi costruisce, chi esplora, chi contempla, chi sogna e chi fa tutte queste ed altre cose insieme. Ognuno cerca la propria realizzazione spinto dal desiderio prima di sopravvivere e poi di vivere ma comunque sempre alla ricerca di una identità. Il tempo dunque è la dimensione nella quale si vive e nella quale si opera. Ogni spreco di tempo è uno spreco di una occasione oppure tempo tolto per la realizzazione di un progetto più importante. Un tempo definivamo con termine inglese money semplicemente solo il denaro ma in questa epoca dove il denaro è stato sostituito con altre forme di ricchezza, non per ultimo la possibilità avere una rete di relazioni umane commerciali mediante le quali realizzare i propri desideri, ecco che il materiale money può essere inteso come opportunità. Il tempo dunque è si denaro ma è anche opportunità. Se la definizione precedente può sembrare apparentemente banale ecco che nei tempi dove l'esordio della blockchain e l'esistenza di un tempo virtuale a seguito della nascita del web fa sì che anche il tempo sia liquido e deformabile a nostro interesse ed a piacimento. Un esempio? Un tempo esisteva un galateo per telefonare ad una persona per affari o semplicemente per salutarla. Adesso si può mandare una mail in qualsiasi posto fingendo di essere in ufficio ma magari si è al mare con la famiglia oppure in aeroporto seduti al ristorante. Oppure più semplicemente non esistono più gli orari d'ufficio perché se abbiamo già in possesso il numero di telefono del contatto con il quale desideriamo instaurare una conversazione o più semplicemente chiedere o far sapere una informazione ecco che possiamo utilizzare un inesorabile servizio di messaggistica telefonica che ci costringe continuamente a controllare il cellulare. Il tempo è denaro ma quale tempo?

Lavare la testa all'asino perdi tempo e sprechi acqua e sapone

E' un vecchio detto che ricorre spesso nei discorsi dei nostri nonni ma come spesso accade il contenuto corrisponde a verità. Purtroppo capita nemmeno troppo di frequente di imbattersi in personaggi o situazioni nelle quali perdiamo solo tempo perché o per inoperosità dell'interlocutore oppure per contingenza il nostro progetto o processo di crescita va arenandosi. Saper riconoscere questo generi di individui o saper estraniarsi dalle vicende è l'unica salvezza affinchè non si rimanga invischiati in situazioni non produttive. Anche in queste circostanze l'unica soluzione è allontanarsi dal problema. Se per ipotesi prendiamo una circonferenza dove il centro rappresenta il problema e noi, rappresentati con una X, ci troviamo all'interno del cerchio, ecco che noi facciamo parte del problema. A questo punto se noi, identificati con la X, usciamo dal cerchio ecco che non facciamo parte del problema e magari allontanandoci vediamo la situazione in maniera più panoramica così da avere la situazione sott'occhio in maniera globale. Se invece magari con fare collaborativo rimaniamo nel problema cercando di agire sugli altri attori che purtroppo però non sanno o non riescono o peggio ancora non vogliono risolvere ecco che sprechiamo tempo e risorse in maniera improduttiva. Per realizzare dei progetti ci devono essere molteplici aspetti concordanti poiché avere comportamenti utopici rendono tali le imprese. Cercare di essere un po' più matematici nelle considerazioni consente alla persona di avvicinarsi all'obbiettivo raggiunto senza perdite di tempo.

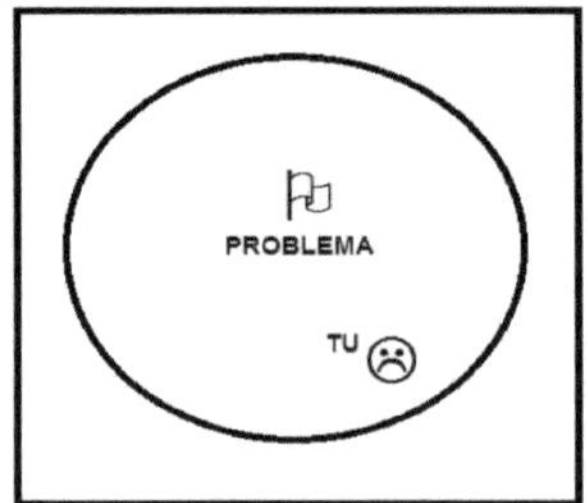

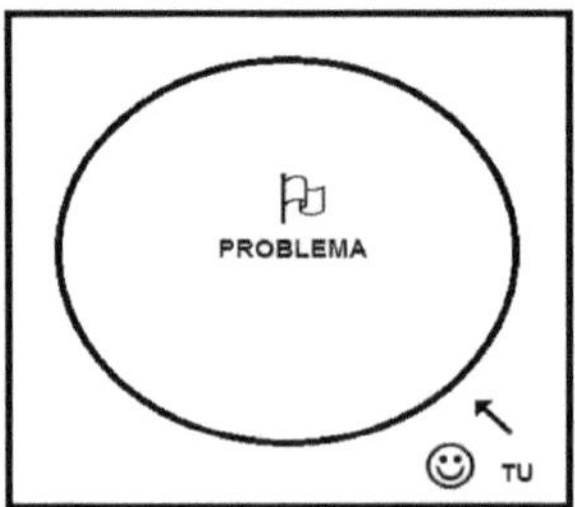

Se cadi rialzati

Negli anni ottanta “andavano alla grande” i film che narravano la storia di un pugile italoamericano di nome Rocky Balboa interpretato dal Sylvester Stallone. Un atleta che partendo dal basso e grazie alla sua forza di volontà era capace di vincere e vincendo rappresentava il sogno americano dove ognuno ha la possibilità di emergere se si impegna. Rocky Balboa ha però una caratteristica dei vincenti. E’ un “incassatore” cioè Rocky riceve talmente tanti pugni durante l’incontro tanto che l’avversario che lo colpisce rimane stremato dalla sua stessa performance di boxe e si espone all’attacco finale di Rocky che lo stende a tappeto vincendo così il match. Rocky nel ricevere tutti quei colpi cade più volte a tappeto ma nonostante tutto si rialza sempre e vince. E’questa la filosofia della vita. Tutti cadiamo ma il trucco è rialzarsi sempre. Sempre.

In altri esempi che possiamo utilizzare per parlare di questa caratteristica delle persone vincenti c’è la storia di Jobs sognatore ed imprenditore fondatore di Apple. Molti utilizzano come esempio i suoi successi ma contrariamente a quanto si creda secondo me sono state le sue sconfitte a renderlo grande. Un evento importante che ha contribuito alla sua crescita è stato il momento in cui l’imprenditore viene allontanato paradossalmente dalla prima azienda che lui stesso ha contribuito a fondare. Nel ricordare anni dopo questo momento critico Jobs utilizza le parole: “la leggerezza del principiante”, era tornato un principiante. Era costretto nuovamente a mettersi in discussione. Amareggiato da quanto accadutogli era stato costretto a rimettersi in gioco. Dovremmo sentirci tutti sempre dei principianti ed accettare che nella vita la possibilità di cadere è concreta. La cosa fondamentale è scoprire il trucco delle persone vincenti. Rialzati sempre. In una intervista all’imprenditore FARINETTI … tu continua tu insisti vedrai che prima o l’altro molla.

Via la timidezza

Tu hai un potenziale enorme ma non riesci a manifestarlo. Il tuo amico meno dotato è invece incredibilmente sfacciato. Può darsi che lui venga mandato più volte a quel paese ma che riesca di più. Come avrete notato in questo libro vengono citati non di rado vecchi adagi popolari. In questo caso i nostri nonni avrebbero detto che “se non mostri la merce non vendi” un po’ quello che Mr. Ford ricorreva dire a proposito della deposizione di uova da parte delle galline o delle anatre, le prime starnazzando in maniera rumorosa le seconde invece le deponendole in maniera silenziosa. Morale? Le persone utilizzano prevalentemente le uova di gallina per l’alimentazione. Fai pubblicità, meglio se con toni positivi, di te stesso. Cerca la tua identità e togli l’aspetto della timidezza che va celando le qualità che certamente hai. Sei una persona riservata? Non è detto che tu debba diventare un front man. Mai sentito parlare di eminenze grigie? Spesso sono proprio loro che detengono in mano la situazione. In quest’ultimo esempio ci si è fatti conoscere magari per saggezza negli ambienti giusti, senza che sia stata data manifestazione delle proprie capacità a tutti quanti. Riconoscere le proprie capacità e saperle mettere a disposizione è una buona via per un riconoscimento sociale. Attenzione a non ostentare le proprie capacità senza poi avvalorarle con dei risultati concreti perché in questo caso il protagonista potrebbe vedersi ritornare solo invidia da parte delle persone che lo frequentano e senza nemmeno il vantaggio di un risultato.

Consiglio: se continui a far recapitare dal tuo amico, perché ti vergogni, le lettere d’amore alla fanciulla dei tuoi sogni, preparati poi a vedere il tuo ex-amico convolare a nozze con lei. Ci vuole coraggio. Cercalo dentro di te. Ce l’abbiamo tutti dalla nascita e che magari se non facciamo ordine nella nostra testa non lo troviamo quando serve.

Devi essere protagonista

Non è detto che tu debba fare lo show off di tutto quello che hai anzi spesso il protagonista è colui il quale si trova sempre nel momento giusto nel posto giusto e soprattutto nel modo giusto. Protagonismo significa ricoprire un ruolo di primo piano sul palcoscenico e nel caso della leadeship il protagonista è il leader che da l'esempio, guida e fa crescere il gruppo mostrandogli il necessario da fare e creando la mentalità vincente per gli obbiettivi che il gruppo si è prefisso oppure in caso di una azienda che il consiglio di amministrazione ha deciso. Spesso non c'è protagonista senza il resto degli attori e quindi un Leader non sarebbe nessuno senza i propri collaboratori. Nell'ottica del miglioramento personale il voler essere protagonista in un determinato contesto può essere affine al concetto di esclusività nel proprio settore cioè avere ad esempio il monopolio di un determinato servizio. Spesso si sente citare un personaggio famoso che sta sperimentando l'ipotesi di viaggi sul pianeta Marte. Si può dire in un certo senso che la sua sarà la corsa verso il monopolio dei viaggi privati sul pianeta Rosso. Essere protagonista dunque è un vero e proprio esercizio fisico e mentale. Devi essere pronto agli attacchi dei tuoi competitors e soffrire spesso la solitudine delle scelte. Nel comandare spesso è intrinseco l'aspetto della soliutudine e questo concetto emerge spesso nei ragionamenti dei grandi CEO illuminati. Nell'essere protagonista conta molto anche la teatralità. Non è detto che tu debba ostentare orpelli e pomposità per impressionare il tuo prossimo, spesso è la mise sobria quella che fa comprendere che si è arrivati ad essere qualcuno che conta nel jet set internazionale per esempio. Armani è elegante e geniale semplicemente vestendo una T-Shirt scura.

Noi siamo le nostre abitudini

Veramente credi che raggiungerai il paradiso dormendo fino alle 10:00 del mattino? Tu lo consideri un lusso perché forse svolgi una professione per la quale è richiesto svegliarsi presto. Inizia ad affrontare il mattino senza panico e scoprendolo nei suoi silenzi, nella possibilità di avere più tempo per le tue cose. Inizia dunque ad anticipare l'orario di andare a dormire. Veramente hai bisogno di vedere quel film che inizia alle 21.35 e termina alle 23:50 perché zeppo di pubblicità? Va bene ho sbagliato a generalizzare ma veramente non riesci ad andare a dormire 20 minuti prima? I figli sono nervosi? Il tuo partner è nervoso? Tu sei nervoso? Inizia intanto a fare un piccolo passo alla volta ma fallo. Nel giro di un anno avrai sicuramente migliorato la tua quotidianità. Avrai sicuramente razionalizzato il tuo tempo a favore delle attività che ti renderai conto con il tempo essere importanti e costruttive. Cerca di eliminare tutte le attività superflue e di organizzarti la giornata, la settimana, il mese e prefiggerti degli obbiettivi per l'anno in corso. Fai meno cose e più importanti e costruttive.

Tieni una agenda

Elettronica o cartacea va bene lo stesso ma prova ad utilizzare un'agenda per scaricare sulle sue pagine tutti i pensieri, gli impegni e gli appuntamenti che hai di modo da non affollarti la mente con le cose più semplici. Se la vita ti pone delle sfide continue e la tua giornata è intensa, sappila organizzare sgravandoti del peso.
Superman non esiste, Superman è un bel film. Nessuno di noi è superman ma ognuno di noi può essere un supereroe che salva vite. Ma anche il volotario in ambulanza o il cardiochirurgo quando tornano a casa hanno figli da gestire, compiti da controllare, spesa da fare e amministrazione familiare da gestire. Da una delle tue assicurazioni per il motorino, l'auto o della casa oppure dalla tua banca fatti regalare una loro agenda. Farai pubblicità a loro e avrai un'agenda con tutti i crismi per programmare il tuo anno. Oltrettutto non la paghi perche è gratis.

Svegliati presto

La mattina ha l'oro in bocca ed è vero. Chi ben comincia è a metà dell'opera. Potremmo andare ancora avanti con molti altri modi di dire. E' stata la saggezza popolare a creare tutti questi detti grazie all'esperienza di chi ci ha preceduto. Bello dormire fino alle 10:00? Si se poi dopo quando ti alzi continui a goderti ancora la vita. Spesso invece il desiderio di dormire risiede nelle menti delle persone che lavorano molto e che vedono legare la loro retribuzione al numero di ore lavorate e non agli obbiettivi raggiunti. Inizia gradualmente a mettere in atto il cambiamento e prova a ottimizzare meglio le ore del mattino.

guarda meno tv

E' incredibile il numero di ore che durante l'anno accumuliamo davanti alla televisione. Con l'aumento dei canali è diminuita la qualità delle trasmissioni. Sei sicuro che sia una buona soluzione perdere così tanto tempo davanti ad una scatola di plastica? Certo se utilizzata bene è un mezzo valido di informazione oppure uno svago per chi purtroppo è malato e non può uscire ma al di fuori delle situazioni patologiche quanto tempo trascorri davanti alla televisione? Se ti rendi conto che le tue sere sono dedicate solo alla tv e l'unica uscita è solo quella dedicata a gettare l'immondizia allora che ne dici di provare a fare altro? Ascoltare la radio ad esempio? Ti consente di adoperarti in altre attività senza distogliere lo sguardo . Inoltre sviluppa la fantasia e ti consente di non avere a che fare con la visione di sciocchezze che solo per effetto della memoria fotografica potrebbero riproporsi spesso in mente turbando i tuoi momenti più lieti. Trovo ad esempio che aumenti il nostro essere cinici la condizione nella quale durante il ritrovo a tavola della famiglia ci sia la televisione accesa che trasmette immagini di conflitti internazionali. Orami molte persone rimangono quasi impassibili davanti alle immagine dell'orrore della guerra oppure davanti a fatti di cronaca nera. In molti casi la cronaca nera diventa pretesto per farne uno show serale dove anziché informazione o aggiornamento del caso si specula solo sulle disgrazie della povera gente. Credo che indipendentemente dall'evitare di guardare troppa televisione per utilizzare meglio il tempo, sia necessario anche valutare la qualità dei programmi visti. Sarà una banalità ma l'odience di alcuni reality è significativa per comprendere quante persone stanno davanti alla tv per vedere tizio che litiga con caio.

di quello che pensi (cerca di evitare lo scontro)

Dire pubblicamente la propria idea è il modo di rendere palese la propria identità. Nel bene o nel male, nell'accettazione del pensiero o nella diatriba ecco che la platea in ascolto, il tuo avversario oppure più semplicemente il tuo interlocutore si trova ad avere a che fare con una soggetto con una identità ben precisa e non con un semplice pretesto per palesare il suo pensiero o il suo vanto.

Dai valore ad ogni singolo centesimo

Durante una cena un mio amico raccontò di essere stato preso in giro da alcuni ragazzacci perché una volta trovando in terra una moneta da 5 centesimi la raccolse. Eravamo in ascolto curiosi dunque di sapere cosa rispose agli schernitori quando improvvisamente il nostro amico dovette interrompere la narrazione ed assentarsi da tavola perché iniziò a suonare l'allarme della sua Porsche parcheggiata sotto casa. Chi ha orecchie intenda.

diversifica le tue fonti di reddito

A volte i monsoni rovinano il raccolto in una parte del mondo a volte gli uragani fanno lo stesso nell'area geografica opposta. Se sei un agricoltore oppure un investitore vedi di diversificare il tuo investimento altrimenti se investirai solo in riso oppure solo in mais potrebbe accadere che il raccolto si rovini totalmente mandandoti in rovina.

la conoscenza è il nuovo denaro

Molte sono le risorse alle quali possiamo attingere per la nostra crescita personale e non è detto che debbono essere univocamente di natura economica finanziaria.

Io creo la mia vita

Nella poesia Invictus è riportato il verso: “sono il capitano di me stesso, il condottiero della mia anima”. Non è il posto dove nasci oppure la condizione sociale iniziale ma quello che diventi. Nascere in un paese ricco di opportunità e senza problemi di equilibri sociopolitici o di conflitti armati è sicuramente meglio come inizio ma se andiamo a vedere molte delle economie emergenti risultano interessare proprio i paese dove una superficiale analisi socioeconomica sconsiglierebbe l’investimento oppure almeno una patnership. Questo perché manca il coraggio e mancando questa qualità fondamentale non si fa impresa. Impresa che può essere economica come persino un’impresa sociale. Devo riuscire a riunire il paese profondamente diviso da decenni di odio? Risposta? Iniziamo con le cose che uniscono e accomunano. Mandela usò anche il pretesto del Rugby per iniziare la politica di riunione. Il collante principale però fu il perdono. Attenzione il perdono non il dimenticare. E’ importante questo aspetto perché nella creazione della propria identità sono proprio le esperienze, anche negative, quelle che formano il soggetto. Quando si elabora il processo identitario lo si fa in base a quello che abbiamo dentro, sogni, delusioni,esperienze anche negative. In questo libro infatti è trattata anche l’ipotesi dell’imparare a cadere per poi sapersi rialzare.

Nel creare la propria vita devono sempre contemplare anche le cadute e imparare a non piangersi addosso. Spesso siamo proprio noi che ci limitiamo con la nostra condotta alla ricerca della commiserazione quando invece dovremmo dire che se siamo caduti è perché ci siamo messi in gioco e dovremmo quindi in maniera determinata riprovarci oppure cercare altra via più favorevole. L’alpinista che compie la propria ascensione su una via che non conosce va contemplando sempre questi aspetti. Il navigatore che desidera solcare i mari di tutto il globo sa che ci saranno momenti di maggior impegno oppure addirittura in cui non dovrà salpare perché il tempo non permette la navigazione in sicurezza. In questi due esempi ecco come sia l’alpinista che il navigatore hanno sviluppato la propria identità ed anno creato la loro esistenza. Come moderni Don Chisciotte potremmo dire che sia l'alpinista che il navigatore "sanno ben ci sono loro". Don Chisciotte veniva deriso per le sue gesta ma erano le gesta di un cavaliere alla ricerca della sua Dulcinea e lui sapeva bene chi era perché aveva deciso di dedicare la propria esistenza di cavaliere e perseguire il suo scopo.

Riesco a farcela

Tutto è possibile se inizi a farlo. Questo deve essere il motto che ci accompagna quotidianamente e per iniziare a fare qualcosa di costruttivo bisogna essere motivati dal desiderio di riuscire. Per iniziare a fare una cosa, qualunque cosa sia, di più o meno facile realizzazione bisogna iniziare per steps. Come quando si inizia a scrivere la prima volta una tesi e non si sa dove partire ecco che il consiglio del mentore o di un amico che “ci è passato prima” è quello di iniziare a scrivere di getto tutto ciò che di inerente ti passa per la testa. Se il progetto invece riguarda qualcosa di professionale e pertanto dovrà essere strutturato in maniera opportuna, ecco che il riesco a farcela si ha solo dopo aver compiuto una attenta analisi dei costi benefici, una analisi patrimoniale ed un resto di valutazioni specialistiche volte ad evitare il fallimento. Puoi riuscire a vendere anche i congelatori agli esquimesi se gli presenti il grafico con l’andamento e la velocità dello scioglimento dei ghiacci sulla terra e li convinci. Riuscirai a farcela sempre se ti convinci di questo. Riuscirai magari non alla prima ne alla seconda volta ma riuscirai. Un leone compie molte prove prima di prendere la sua preda ma la prende sempre tanto è che l’unico pericolo di estinzione per il leone non è la fame ma l’uomo.

Mi impegno ad essere ricco

La maggior parte delle persone scambia la ricchezza per la capacità di acquisto di un soggetto particolarmente facoltoso. Questo è particolarmente tipico dei modelli sociali occidentali dove le persone sono costrette in un modello economico simile ad una morsa. Ma nel caso di oramai poche realtà evidentemente non affini a questi modelli sopra descritti, la vera ricchezza è la conoscenza e la saggezza. Senza ad andare a disturbare il ruolo dello sciamano spesso ricorrente nei testi di sociologia, andiamo a vedere come il ruolo degli anziani è fondamentale per il buon andamento della società. Se tecnologicamente il nonno non è competitivo come il nipote durante una performance al computer ecco come invece l'esperienza dell'anziano potrà andare a rassicurare lo stesso nipote campione di *videogames* ma magari insicuro nell'acquisto di una prima casa oppure nella gestione delle relazioni interpersonali o semplicemente nella fondamentale funzione di ascolto.

Siamo psiche e soma non lo dimentichiamo. La ricchezza, anche quella economica, viene generata grazie alla psiche.

Pensare in grande

Non ce la farò mai. Non riesco ad arrivare a quel livello. Chi nasce asino non può morire cavallo.

Falso! Falso! Falso!

Abbiamo viso che non si può decidere dove nascere sulla terra ma abbiamo visto come ci si possa spostare. Non abbiamo deciso con quale status sociale nascere ma potremmo decidere in maniera sempre più convinta con quale cimentarsi nel crescere. Siamo o non siamo i comandanti del nostro futuro? Volere e Potere! Mai come in questo ultimo secolo le migrazioni di persone dalle aree meno floride della terra verso quelle economicamente più favorevoli è stato così massiccio. Le migrazioni sono fenomeni naturali, persino le piante migrano sulla terra. Il cipresso toscano come il tulipano olandese sono stati adottati secoli fa perché entrambi sono provenienti da aree geografiche più lontane. Lasciando stare il mondo vegetale e prendendo ad esempio quello industriale ecco vedere come molte materie prime arrivano da lontano. Persino le grandi case automobilistiche migrano posizionando le loro sedi legali in altre nazioni dove il regime fiscale è più favorevole.

Preso atto che il miglioramento personale è sempre possibile basta andare alla ricerca di nuove conoscenze ecco che successivo al pensiero di sopravvivere si delinea quello di vivere e di realizzarsi. Pensare in grande è quindi il metodo giusto perché ci incentiva a migliorarsi e migliorandoci miglioriamo anche il mondo. Più sale il livello di consapevolezza individuale e più questo fattore positivo genera fenomeni di crescita sociale esponenziali. E’ un processo simile a quello di modernizzazione. Ognuno attinge conoscenza in maniera vicendevole dall’altro

Le persone vincenti frequentano persone positive e caparbie

Il simile cerca il suo simile. Potrà sembrare una considerazione poco umile ma nella maggior parte delle situazioni è così.

I Ricchi promuovono se stessi ed il loro valore

Analizzando le persone cosidette di successo possiamo vedere come abbiano promosso la loro figura e come siano riusciti a rendere note il loro valore. Questo perché sono i primi che credono in se stessi e perché non hanno paura del giudizio degli altri. Non è bello essere autoreferenziali soprattutto se l'impresa che viene ostentata non ha criteri di importanza percepiti dall'aspettativa comune. Ma se è comunque un'impresa degna di nota e se a parlarne sono gli organi di stampa che hanno fatto cronaca dell'evento ecco che la promozione dell'immagine ha avuto esito favorevole. Se in periodo di pandemia il signor Guido che fa il sarto cuce cento macherine e le dona alla associazioni di volontariato per scopi benefici ecco che di riflesso il signor Guido sarto di professione e per passione ha acquisito notorietà con indiscusso merito. La promozione di se stessi è dunque lontana dal concetto di vanto e di pavoneggiarsi. E' quasi l'esatto contrario.

Gestisci il risparmio investendo

Saper investire un capitale è quanto di più ardito per una persona che ha una visione tradizionale della vita. Molti infatti preferiscono lasciare i propri denari in banca per vedersi corrispondere forse pochi spiccioli d'interesse. E' una situazione drammatica dal punto di vista della gestione dei propri averi anche perché i caso di emergenza, se non si aumenta il proprio capitale, si rischia di andare a fare pari.
Se investire bene dal punto di vista finanziario può determinare un miglioramento delle condizioni di vita ecco che questo principio lo si può applicare anche a tutto il resto dei capitali fra cui il più importante la conoscenza. Si sente sempre più frequentemente dire che i nuovi benestanti non lo sono solo dal punto di vista economico/finanziario ma soprattutto dal punto di vista delle conoscenze. Conoscere ti fa stare meglio, l'aggiornamento è fondamentale. Non solo conoscere le regole dell'alta finanza ma conoscere anche buoni consulenti che, come abbiamo visto e vedremo, sono determinanti nella buona amministrazione della gestione dei propri interessi personali.

Semplifica (sacrifica il tuo stile di vita a breve termine)

Un giorno è convenzionalmente formato da 24 ore e considerato che devi riposare un tempo congruo al tuo fabbisogno diciamo che le ore rimanenti per le tue attività sono all'incirca una dozzina. Se è vero che per vivere è necessario principalmente respirare, riposare, nutrirsi e trovare riparo il resto della giornata serve al procacciamento di beni necessari ed al miglioramento della propria condizione di vita. In un cammino lungo quale è quello dell'automigliormanto non è sbagliato stilare una scala di priorità. In questo elenco deve essere necessariamente inserito tutto ciò che ci consente un'esistenza quantomeno serena dopodiché vanno assolutamente estromesse tutte quelle condizioni nelle quali c'è perdita di tempo.

Come abbiamo visto che le persone tossiche o i vampiri energetici ci fanno perdere tempo e risorse anche molte situazione nella loro contingenza appaiono immediatamente delle perdite di tempo. La fila per il nuovo telefonino ad esempio.

Jobs è un genio non per aver scoperto qualcosa di materiale ma per aver saputo vedere il futuro nelle persone. Le immagini di folla che vedevamo talvolta quando avvieniva il lancio di un nuovo apparecchio elettrico ultra hi tech ci sono rimaste impresse nella testa. Ragazzi addirittura che si accampavano la notte fuori dai negozi per essere fra i primi. Ecco queste sono le perdite di tempo che intendo io. Dopo la Pandemia da Covid 19 nessuno per molto tempo si accamperà fuori dal negozio perché la corsa all'acquisto sarà gestito dall'E-Commerce che benedirà i primi e farà attendere gli ultimi che accederanno al negozio elettronico. Perdite di tempo in situazioni contingenti sono l'anda re in un centro commerciale nelle giornate piovose alla ricerca di uno svago. Ma un buon libro in casa no? Alcuni genitori portano spesso il sabato pomeriggio i loro bambini ai centri commerciali come se fossero al parco divertimento e spesso cenano all'interno così da tornare a casa senza preparare la cena. Morale? Ogni sabato la capacità d'acquisto di una famiglia si riduce, nella migliore delle ipotesi, di 25, 30 euro per l'acquisto di cibi ipercalorici e bevande gassate. Questa è una perdita di tempo ed una distorsione delle proprie finanze verso modelli salutari sbagliati. Se è vero che l'esempio ci educa ecco come in questo caso l'esempio porta al palesarsi di condotte alimentari sbagliate nei confronti magari dei propri figli che inconsapevolmente assorbono quella cena non come qualcosa di straordinario ma come un qualcosa di possibile.

Intendiamoci nessuna crociata contro questi tipi di attività di ristorazione ma all'interno di un processo di crescita interiore, dovendo implementare i modelli vincenti, la frequentazione usuale di fast food non rientra nei canoni di una corretta dieta intesa come stile di vita. Non perdere quindi tempo. Non seguire la massa. Cerca la tua individualità. Le mode sono fatte dai vincenti e non per i vincenti. Non perdere tempo in "distrazioni di massa" informazioni inutili, chat telefoniche nelle quali spesso si trovano solo filmati che ti fanno perdere tempo. Semplifica la tua vita e non perdere tempo con le molteplici attività che il mondo social propone e che ti fa allontanare dalle persone. Gli amici non sono quelli che ti mettono i like alla foto della tua pizza cucinata nel forno di casa, almeno non tutti quei like sono di amici ma di conoscenti e c'è parecchia differenza. Semplifica dunque e risparmia tempo che potrai utilizzare per riscoprire le vere priorità, il dialogo con i tuoi cari le cose semplici della vita. Il lusso di avere tempo libero. Non è detto che per acquistare la serenità occorrano delle banconote ma basta circondarsi semplicemente di amici con cui condividere i nostri ideali ed i nostri sogni. Che senso ha poi avere un buon vino in cantina se non lo si può condividere insieme? Un buon vino bevuto da solo ubriaca o viene sprecato. Un semplice vino in compagnia spesso fa scaturire nuove conversazioni, collaborazioni o più semplicemente consolida le amicizie. Ma non è una lode al vino ma bensì all'amicizia.

I ricchi gestiscono bene il denaro

Senza dubbio questo titolo anticipa un discorso veritiero. Sicuramente per le persone che sono ricche (in questo caso anche economicamente perché esistono molti tipi di ricchezza) hanno una gestione attenta delle loro ricchezze altrimenti vedrebbero ben presto il dilapidare dei loro averi. Ad esempio un'azienda che funziona bene e un'azienda che perdura nel tempo come anche un vero ricco non è colui che vince una volta alla lotteria ma quello che sapendo amministrare bene i suoi conti, rimane ricco nel tempo. I veri ricchi sono persone che hanno la modestia dalla loro parte e riconoscono che non saprebbero gestire tutto da soli ma d'altro canto hanno compreso che avvalersi di eccellenti consulenti (pagandoli anche giustamente per quanto valgono) comporta il fatto di avere a disposizione degli specialisti sempre pronti alla risoluzione delle difficoltà. Un eccellente ufficio legale è indispensabile. Un eccellente pool di analisti è fondamentale per la comprensione delle dinamiche sociali o di mercato per una azienda. Ma se tutto questo nostro discorso appena fatto lo volessimo rapportare ad un singolo soggetto che sta sperimentando un meccanismo di crescita interiore ed economica? Ecco che avvalersi di una buona guida spirituale o di un bravo commercialista diventa fondamentale. Il parallelismo tra la guida spirituale ed il commercialista ti mette i brividi solo ad immaginarlo? Psiche e Soma vanno mano nella mano. Credi che in un paese di una nazione meno fortunata per scavare un pozzo per far sopravvivere alla sete le persone di un villaggio basti solo un pensiero buono, una vanga e buona volontà? Chiedo scusa! Pensavo che ci volesse un progetto, delle buone attrezzature e dei tecnici per realizzare un pozzo ma forse mi sbaglio io. Proseguendo l'analisi della gestione delle risorse delle persone cosidette ricche economicamente ecco che oltre a circondarsi di bravi consulenti hanno come condotta vincente il diversificare gli investimenti e le loro entrate. In questo libro avremo modo di leggere di questa abilità.

I soldi lavorano per i ricchi

Potrebbe risultare assurdo ma niente di più vero. Ci sono persone che legano la loro realizzazione al lavoro ed al numero di ore che lavorano, altre al numero di obbiettivi raggiunti sul lavoro ed altre ancora che lasciano che i soldi lavorino per loro ovvero mettono a regime una serie di investimenti fruttuosi che gli consentono di capitalizzare senza che l'investitore leghi il proprio tempo alla produttività.

Agiscono anche se hanno paura

La paura è normale in tutti noi. Non esiste persona che non ne abbia e se questa condizione fosse assente in qualcuno potrebbe delinearsi un quadro forse patologico. La paura ci consiglia la paura ci frena. Una formula 1 senza freni non è vincente perché uscirebbe di strada. La paura è nostra amica e consigliera. Da quando nasciamo vediamo che le persone che ci circondano descrivono con accezione negativa la paura, tanto che noi siamo abituati ad avere paura della paura. Ciò è terribile e provoca solo uno stato di ansia spesso ingiustificato. Ciò che differenzia una persona vincente da una che ancora non ha compreso averne le qualità è proprio la gestione di questa sensazione. Anche la persona vincente ha compreso come usare la paura e gestirla in base alle situazioni. Anche chi pratica sport ritenuti estremi ha paura. Gli sportivi in analisi non amano scioccamente il rischio ma la loro performance sportiva ha un rischio calcolato. Le due cose potrebbero somigliarsi per la presenza in entrambe della parola rischio ma c'è un abisso tra di loro. Rispetto al semplice rischio, il rischio calcolato è tale poiché è stato calcolato, analizzato, studiato e vi è sempre un costante percorso di aggiornamento. Il paracadutista ad esempio svolge la stessa performance da decenni ma tecniche, materiali e situazioni sono diverse ed in continua analisi scientifiche tanto da aver creato dei centri di ricerca per tali finalità. I paracadutisti agiscono anche se hanno paura quella paura che però vedono come loro consigliera e non come avversaria. Come i paracadutisti anche le persone che mettono in atto con successo un progetto di cambiamento analizzano le fasi di sviluppo con a fianco la paura come consigliera. Agiscono anche se hanno paura diversamente da coloro i quali della paura hanno così tanta paura da rimanere immobili. E' un meccanismo diabolico. Persone con potenzialità enormi che rimangono recluse nella loro prigione emotiva. Eppure cosa hanno in meno di un qualsiasi personaggio di successo nato spesso dal niente? Forse semplicemente il fatto che questo non abbai avuto timore dell' insuccesso e che ci abbia provato?

Lavora sulla comunicazione

La comunicazione trasmette messaggi fra gli individui che li comprendono grazie alle convenzioni che la sociètà per consuetudine o per precisa decisione ha stabilito. Diverse sono le tipologie di comunicazione. Verbale, non verbale etc.

Trattando della comunicazione in generale possiamo però analizzarne la qualità poiché la comunicazione deve essere efficace e trasmettere l'informazion, il tuo pensiero nella maniera più precisa senza che vi sia il rischio di non comprenderne il significato o peggio ancora di manipolarne il contenuto da parte di terzi.

Nel percorso di autodeterminazione personale dovrai dunque dopo aver compreso il tuo ruolo, anche multiplo, la tua identità, chi sei insomma, saperla trasmettere agli altri. Attenzione non sto parlando del tuo lavoro che spesso va ad inquadrare lo status di chi lo esercita. L'errore comune in questa società e dire: "sono un cuoco". No in realtà questa persona fa il cuoco perché sarebbe riduttivo dire che una persona fa solo una cosa nella vita e si identifica appieno in quello. Magari il cuoco ama viaggiare alla scoperta di nuovi sapori ed allora sarà anche un viaggiatore e così via. Ma lavorare sulla comunicazione della tua identità può anche essere molto difficile se non inizia a vedere per esempio come le persone di successo affrontano la platea. Solo osservando per esempio un grande attore oppure un grande comunicatore si può iniziare a capire come rendano efficace la loro comunicazione facendo si che il loro messaggio passi.

Lavora sulle convinzioni

E' inutile che continui a trascinarti in situazioni oramai emotivamente esauste, farai molta più fatica a gestirle per non arrivare a niente oppure a poco. Se non è proficuo "lavare la testa all'asino" non lo è altrettanto galleggiare in una situazione che non si confà alle tue aspettative. Lascia perdere l'orgoglio ed inizia a lavorare su ciò per cui sei più convinto. Ciò che ti interessa, quello che ti immagini ti faccia sentire realizzato. I sogni sono realmente dei desideri di una esistenza migliore o più felice. Spesso rimaniamo invischiati in situazioni lavorative dense di burocrazia magari in apparati dove vige la regola del copia ed incolla e della fotocopia. Tutto va bene se ti piace sistemare la pratica in ufficio perché la vita purtroppo è composta anche da queste cose ma quando sogni di una vita diversa e non ti adoperi perché questo avvenga ecco che si manifesta il problema. Potresti aver smesso di lavorare sulle tue convinzioni. Potresti aver smesso di sognare. Potresti non vedere una soluzione. Ricordati che il mondo è fatto da persone e che tutti nasciamo con le stesse abilità. Certo le condizioni sociali iniziali possono non essere le medesime ma qui non si sta parlando di chi non nasce con la camicia e chi invece si. Qui si sta discutendo di chi ha intuito la possibilità di avvicinarsi ai suoi sogni emulando le condotte delle persone che hanno raggiunto una condizione simile a quella sperata. Loro hanno lavorato sulle loro convinzioni, hanno creduto in se stessi, saranno anche caduti ma proprio perché erano convinti si sono rialzati così hanno anche imparato a rialzarsi. Prenditi una agenda ed inizia ad annotarti tutto, le tue impressioni, i tuoi pensieri, le tue delusioni e poi al trascorrere dei giorni ritorna indietro e con lo sguardo attuale ripercorri i tuoi scritti così da capire se con il passare del tempo sei riuscito a mettere in atto una condotta volta al perseguimento dei tuoi obbiettivi oppure nella peggiore delle ipotesi se nulla è cambiato. Foglio di carta e penna sono alleati necessari a scaricare i tuoi pensieri materializzandoli su carta, rendendoli leggibili. Analizza il tuo agire vedi dove hai sbagliato e dove invece hai fatto bene. Smettila di preoccuparti per l'errore, tutti sbagliano. Se cadi rialzati.

Lavora per un progetto che ti entusiasma

Dopo che hai lavorato sulle tue convinzioni decidi di lavorare per un progetto che suscita il tuo entusiamo. Attenzione non stiamo parlando di un progetto che ti deve divertire ma di uno che di deve dare gioia nella creazione.

Non complicarti la vita

Smettere di proporsi inutili interrogativi è il modo per snellire la propria esistenza. Filosofare spetta ai filosofi, noi possiamo diventare filosofi oppure usare la loro saggezza. Ammettendo che per opportunità qualitativa tutti non possiamo essere filosofi vediamo bene che risiediamo quindi nella categoria degli utilizzatori delle teorie filosofiche. Che grande complicazione questo discorso non è vero? Una complicazione inutile! Ecco è proprio questo che hai compreso! Le complicazioni inutili appesantiscono e non rendono agile il trascorrere del tempo e l'autorealizzazione. Smettiamo di complicarci la vita. Iniziamo ad affrontare le situazioni per come sono. Iniziamo ad essere noi la causa e non l'effetto. Iniziamo a modificare la nostra esistenza migliorandola. Cominciamo a mettere piano piano in atto dei modelli, degli stili di vita che ci piacciono e che fanno stare bene e cerchiamo di farli perdurare nel tempo. Non complichiamoci la vita mantenendo tutta una serie di cose, consuetudini, obblighi sociali che ci frenano e che si fanno perché si devono fare.

Non rimanerci male se le persone spiacevoli fanno commenti su di te

A che serve il dispiacersi? Dispiacersi per una cattiveria equivale a diventare noi stessi l'effetto di quella cattiveria. Quindi la cattiveria è stata la causa e noi l'effetto. Invece si è vincenti quando noi siamo l'azione, la scintilla che genera la vittoria. Una volta un mio caro amico mi disse che sul lavoro il suo direttore scaricò la responsabilità di una sua mal gestione sul mio amico rimproverandolo con una lettera personale e riservata. Il mio amico che adesso non lavora più li perché nonostante non fosse raccomandato ha fatto carriera e adesso è milionario mi confidò che mise in atto il comportamento di un suo mentore di religione ebraica.
Lui non accusò il colpo e non aprì mai la busta contenente certamente la lettera con scritte le parole poco lusinghiere su di lui. Questo che per altri sarebbe stato un rimprovero per lui fu il niente assoluto. Come se non fosse accaduto nulla. Il suo cuore era puro e dunque non peccò di scarsa umiltà. Come finì la storia? Il mio amico adesso è felice non perché è milionario ma perché si è realizzato pienamente ed anzi è sempre alla continua ricerca della bellezza. Grazie alla sua splendida famiglia sta vivendo una vita piena di soddisfazioni. Vi sembra una storia a lieto fine e pensate che nel mondo esistano solo nelle fiabe? Sbagliato. Queste cose esistono ed il mio amico ne è *testimonial*. Le storie a lieto fine esistono anche nella realtà solo che sono poche rispetto alle altre che vengono vissute in maniera sfuocata. Il suo ex direttore invece continua purtroppo per lui a vivere nella suo microcosmo aziendale dove si sente una celebrità fino a quando non è costretto ad uscire per tornare a casa. I Re sono tali anche fuori dal palazzo reale. Quelli che lo sono soltanto all'interno delle mura sono anch'essi prigionieri con il fardello. Questa è la mia idea.

Usa di più la bicicletta

Che c'entra? Nel concetto di leadership vale molto l'elemento della teatralità. La teatralità è spesso utilizzata con grande sfoggio di orpelli per ingannare i semplici e gli stolti mentre è sinonimo di sostanza quando è legittimata da una struttura alle spalle talmente imponente che contempla anche l'aspetto della scenografia. Entrare in un ufficio sontuoso genera immediatamente un'idea di organizzazione alle spalle ma l'ufficio sontuoso ce lo può avere chiunque basta avere a disposizione risorse economiche e emulare le pomposità di qualche studio visto magari su internet. Certo qualcuno dirà che anche questa è una abilità ma poi se non è seguita dalla sostanza non ci sarà futuro. La teatralità è sbalordire! In un famoso film comico un megadirettore mostrava il suo studio ad un suo dipendente sbalordito dallo stile francescano degli arredamenti. Anche in questa circostanza ironica il megadirettore non aveva bisogno di affermersi come megadirettore ostentando uno studio ricco di orpelli perché era leader anche in un contesto non sfarzoso. Il re è tale anche fuori dal castello. Nella realtà moderna vediamo spesso personaggi fare lo show off ovvero ostentare macchine di lusso, abbigliamento costoso etc... ma veramente i personaggi che si sono realizzati lo hanno fatto ostentando un'auto? Molti di loro guidano utilitarie. Lo stesso Enzo Ferrari utilizzava un'auto aziendale più sobria per lavoro. Alcuni miliardari americani girano con la felpa con il cappuccio e guidano auto non di lusso. Io se potessi vivrei girando il mondo in barca a vela e per la città userei la bici. Ma chi è che si può permettere questo, barca a vela e bicicletta? Certo non chi si deve spostare per raggiungere la sede di lavoro oppure per gestire il menage familiare ricco di feste di compleanno in luoghi chiassosi pieni di altre feste di compleanno in contemporanea che non si possono saltare altrimenti si fa brutta figura, oppure portare i figli a fare sport con partite tutti i fine settimana o in casa, oppure avere impegni con parenti semisconosciuti che durante le feste devi vedere etc... Dante alighieri potrebbe scrivere una seconda Divina Commedia con questi soli tre scenari a disposizione.

L'auto rimarrà il mezzo più utilizzato anche e soprattutto dopo la tragica esperienza della recente pandemia da coronavirus Covid19.

Riamsti chiusi in casa per quasi tre mesi affronteremo lo spostamento utilizzando un'altra "bolla", l'autovettura. La bicicletta sarà il mezzo più utilizzato. Sano, economico, indipendente dagli idrocarburi e di facile gestione nelle riparazioni. Ora che le persone si sono accorte che si può anche vivere con più calma vedono il mezzo a due ruote come una risorsa. Allo stato degli atti si stima un incremento delle vendite di biciclette già del 15% rispetto allo scorso anno e siamo solo all'inizio.

Mangia meglio e meno cibo spazzatura

Le persone vincenti fanno sport non solo per il giusto adagio "mente sana in corpo sano" ma anche perché gli consente di staccare mentalmente dal resto della giornata lavorativa. Un giorno un mio conoscente neurochirurgo mi disse che il tennis era un buon modo per tenere in allenamento la mente e che quando giocava a tennis talmente era concentrato a non far brutta figura e giocare degnamente che si dimenticava momentaneamente persino le arrabbiature che aveva a volte avuto in reparto. Lui ripete sempre: "il trucco è giocare a tennis" ma il trucco di cosa non lo dice mai. Ognuno capisce ciò che vuole e forse è questo veramente il suo trucco". Abbiamo parlato dello stile di vita salutare di chi utilizza la bicicletta ma se non viene abbinato ad una sana dieta alimentare ecco che i benefici sfumano. Assunzione di cibi grassi o ricchi di zuccheri rallentano l'agire quotidiano ed in certi individui che sono particolarmente predisposti possono far addirittura insorgere sonnolenze dopo l'assunzione. Anche qui il mondo è diviso in due, chi cerca la quantità e chi la qualità.

Leggi libri di auto miglioramento

Abbiamo compreso come la lettura influenzi positivamente l'eloquio donandogli proprietà di linguaggio e fluidità. Quali sono però quei testi che migliorano la comprensione delle dinamiche socio economiche e che influenzano positivamente il nostro agire all'interno del percorso di benessere finanziario? Certamente iniziare con la comprensione delle dinamiche che regolano la finanza a livello globale può essere utile ma in primis ci si dovrebbe confrontare con le dinamiche di gestione del patrimonio familiare se c'è oppure per la creazione di un patrimonio familiare. Non c'è impresa senza capitale e non c'è capitale senza impresa. Qual è però fra le due realtà quella che è possibile creare per poi sviluppare la seconda? E' certamente la creazione di un capitale che inizialmente può essere generato con la forza lavoro e successivamente mediante lo sviluppo della comprensione delle dinamiche economico finanziarie può aumentare grazie all'implemento dei generatori di rendite non sempre automatiche. Perché ciò avvenga è utile lo studio su testi di finanza personale, economia e tutta la letteratura scientifica che tratta dell'argomento.

Studia e rimani sempre aggiornato

Meglio sapere una cosa che non saperla ma aggiungerei inoltre che più cose si sano e più è semplice eventualmente arrivare ad una soluzione. Qaunte volte a scuola non sapevamo esattamente la risposta di storia ma conoscevamo la circostanza e altri elementi inerenti così da almeno poter argomentare se non addirittura rispondere poi alla domanda stessa?

Scrivi un obj list e to do list.

Scrivi la tua lista di cose da fare e scarica la tua mente. Con la mente libera affronterai i problemi rapidamente e non soccomberai sotto alla mole di pensieri ricorrenti.

non vivere dando troppe spiegazioni

La vita è tua e non devi giustificare le tue scelte. Ogni azione che compi ti caratterizza agli occhi degli altri ma solo tu ne conosci il significato profondo perché nessuno potrà mai entrare nell'intimo del tuo io come del resto nemmeno tu in quello degli altri. Non hai bisogno di spiegare, non hai bisogno di legittimare la tua condotta. Dare spiegazioni è come scusarsi per un'azione della quale non è stata richiesta una spiegazione. Significa sentirsi in torto. Significa insicurezza o ricerca di attenzione da parte degli altri. Spesso dunque parlare delle tue cose genera invidie da parte di chi ascolta. Magari molti di loro non si mostreranno invidiosi pubblicamente ma probabilmente lo saranno. La corrispondenza di intelletti non è una cosa frequente ed ecco che il simile ricerca il proprio simile. Quando questo non avviene e si hanno piazze eterogenee ecco che il confronto è sicuro e le persone iniziano ad osservarsi e giudicare. Non dare troppe spiegazioni. Nessuno deve giudicarti. Chi ti giudica sbaglia. Chi è costui per poter giudicare un suo simile? Cosa legittima il suo giudizio? Niente. Allora si genera spesso solo uno sparlare. Un fiume di parole che non serve a nessuno. Non vivere dunque dando troppe spiegazioni perché chi ti vuole bene non ne ha bisogno, i tuoi nemici non terranno in considerazione quanto dici o peggio strumentalizzeranno le tue parole e gli sciocchi in ascolto saranno sempre e solo massa che sta li e non comprende.

condividi il benessere

La condivisione del benessere potrebbe essere la versione moderna di ama il prossimo tuo come te stesso. Che cosa serve possedere il mondo se poi si muore dalla solitudine. L'uomo è il peggior nemico dell'uomo ma è anche vero che è un animale sociale. Condividere e diffondere il benessere è quanto di più figo possa esistere. Un successo per chi lo fa un'azione eticamente corretta da ricevere. Gli imprenditori ad esempio diffondono benessere. Grazie al loro rischio imprenditoriale ed al loro mettersi in gioco consentono l'assunzione dei lavoratori, accensione di mutui, la messa in moto dell'economia, etc…

proteggi i tuoi risparmi

se non stai attento i tuoi risparmi finiranno presto. Acquista solo per necessità e non perché te lo puoi permettere. Non hai bisogno di circondarti di oggetti per essere qualcuno. Essere non vuol dire avere. Essere non è ostentazione ma riconoscimento di una identità. Ad esempio la maggior parte delle persone che posseggono un'auto di lusso non hanno bisogno della sfarzosità del mezzo ma dell'efficienza. Spesso tali caratteristiche vengono coniugate a discapito del prezzo che va elevandosi ma ciò che da valore all'autovettura è l'affidabilità intrinseca. Così vale per il resto dei beni di lusso che sono tali perché non sono acquisibili da chiunque. L'acquisizione consapevole medianate acquisto è una delle caratteristiche delle persone che hanno utilizzato gli utili dei loro investimenti e non i danari che avrebbero potuto investire come capita invece al soggetto non istruito finanziariamente. Risparmiare e basta non serva bisogna anche sapere investire i danari in maniera efficace a far si che si possano coprire anche le spese correlate ai propri possedimenti e le tasse.

crea denaro

La cosa sembra facile ma se stai leggendo questo libro forse non è poi così. Sappi che per qualcuno creare denaro è semplice come per un ragioniere tenere un bilancio. Benchè complesso il ragioniere conosce le regole del gioco e le mette in atto. Così chi investe conosce le regole e le mette a frutto creando liquidità. Come tutte le cose sono semplici quando le si sanno oramai fare. Andare in bicicletta è un gioco da ragazzi quando hai imparato. Ecco che per creare liquidità bisogna affidarsi a delle persone che sanno fare questo e lo sanno fare bene aggiungerei. Queste persone si chiamano montori.

risparmia denaro

Sarebbe scontato trattare del risparmio del denaro se anche in questa prtatica di buona gestione delle risorse non intervenissero dei criteri che vanno modulando il risparmio a fronte della capacità di investire del soggetto. Mettere a risparmio tutti i denari non destinati alla sopravvivenza non è una pratica fruttuosa. Se abbiamo visto ad esempio che siamo la media delle cinque o sei persone che frequentiamo più spesso ecco che, nell'ottica di implementare il paniere di opportunità e di auto emancipazione dalla dimensione dei meno abbienti, il fatto di non potersi permettere o concedersi delle attività a pagamento (semplicemente perché quei soldi li risparmiamo e basta) non consente nella maggiore delle ipotesi la possibilità di frequentare le persone idonee alla crescita umana e professionale e che magari potrebbero essere di riferimento come futuri mentori.

Il risparmio dunque non deve essere funzionale a se stesso ma deve essere considerato come una crescita di capitale che si rivela necessario in parte per consentire tempestivamente la possibilità di investire in una operazione o progetto che si presenta inaspettatamente oppure programmato.

Controlla dove finisce il tuo denaro

Una buona gestione delle tue risorse è eticamente importante perché la maggior parte di noi esseri umani ha spesso un reddito che deriva da una quantità di tempo trascorso al lavoro. Se non gestisci bene le tue risorse non è solo il tuo danaro che se ne va senza senso ma è il tempo che hai impiegato lavorando, il tuo tempo che se ne va?

Hai mai notato quante persone investono i loro danari in lifting e ricerca di una giovinezza perduta? Cosa pensi che significhi apparire più giovani (non è detto più belli). Cercano di sottrarsi agli effetti del tempo perché il vero lusso non è l'avere materiale ma il tempo. Il tempo per fare esperienze, il tempo per emozionarsi. E'l'emozione che ci fa vivere! Ricerchiamo una emozione! Altrimenti non si spiegherebbe perché pagare anche 50 euro a biglietto per ascoltare musica ad un concerto. La stessa musica che potresti sentire a casa tua scaricandola a prezzi decisamente più bassi con la applicazione dal telefono cellulare.

Guadagna, risparmia ed investi.

Tutto ciò che entra nelle tue casse rimane tale finche non lo investi bene. Ecco che per crescere finanziariamente non basta una bella cravatta ed una scarpa lucida ma bisogna necessariamente fiutare il business. Oggi va alla grande la cioccolata spalmabile sul pane ma domani tornerà di moda la marmellata? Chissà?

Conclusione

Questo libro ha affrontato le diverse abitudini che vanno ad interessare il percorso di autodeterminazione di un soggetto che ha incominciato il percorso di emancipazione dalle necessità materiali utilizzando le proprie abilità intellettuali. L'unione tra ciò che è materiale e ciò che è spirituale viene vista dalle persone di successo come uno stato perfetto. Anche Jobs con la sua filosofia Apple ha unito tecnica e filosofia tanto è che moti comprano i suoi telefoni non per la tecnologia ma anche per la filosofia contenuta in essi o per uno status simbol in maniera meno romantica purtroppo.

Il successo trasforma l'io in Io!

Occhio! Ricordati che sei un uomo. Dopo ogni successo anche piccolo riparti da capo. Consolida le tue esperienze e mettile a frutto per salire il prossimo scalino.

Non commettere l'errore di trasformare l'Io in dio...

Quando avrai raggiunto le tue aspettative non cadere nell'errore di sentirti arrivato perché bisogna sempre rimanere aggiornati e continuare ad uscire dalla nostra zona di confort.

Meglio cadere mentre stai salendo che cadere mentre stai scendendo

Scrivi tu in questa pagina ciò che ti sei posto di fare.

Cerca di “bypassare” il sistema

Adotta alternative per raggiungere la meta.

A chi piange togli a chi ride dai

Allontanati dalle persone negative.

E' l'esempio che educa

Predicare bene e razzolare male è un comportamento distruttivo per la propria immagine e la rispettabilità.

La forma non è sostanza ma se c'è la sostanza c'è anche la forma

Nelle scuole militari viene ripetuta spesso. Non credi sia veritiera questa frase?

L'intimo convincimento

Fai perchè credi che ciò che fai sia la via giusta da percorrere.

Disciplina del silenzio

Sii riservato nell'agire. Disciplina e silenzio hanno sempre accompagnato le azioni vincenti.

Il nemico non dorme mai

Mai abbassare la guardia, mai sottovalutare l'avversario.

Trasformare la potenza in atto

L'attesa può far parte della strategia ma quando decidi di partire vai!

Non tutti coloro che vagano sono persi (cit.) John Ronald Reuel Tolken.

Non abbiate paura

La paura deve essere vista come alleata consigliera e non come comandante. Se la tua vita è comandata dalla paura difficilmente progredirai. Per combattere la paura ed acquistare sicurezza poniti degli obbiettivi graduali e affrontali come una sfida. I successi saranno tali. Ciò che per gli altri sono sconfitte per noi saranno utili insegnamenti.

Pace interiore

Prima di comandare gli altri devi saper comandare te stesso. Se non sai resistere ad una critica, se non sai resistere ad un acquisto compulsivo, se continui ad essere troppo timido ecco che la soluzione sarà incominciare un lavoro di costruzione interiore. Inizia a leggere le biografie delle persone che hanno costruito qualcosa in questo mondo. Chi ha scoperto i raggi X per esempio? Chi ha fondato una nazione? Chi non ha mai vinto un premio nobel ma se lo sarebbe meritato? L'esempio ci educa. L'esempio ci ispira. Ognuno di noi è un universo ricordalo. Potenzialità infinite. Trova la tua dimensione, cerca le tue identità ma inizia questo cammino con la certezza che troverai sicuramente un tesoro. Te stesso.

Gli occhi della tigre

Quiete si ma con determinazione. La consapevolezza che troverai un tesoro ti donerà la determinazione per continuare.

La maggior parte delle persone vive con convinzioni sbagliate

Accade frequentemente di esprimere un giudizio che esuli da questioni di gusto per ragioni meramente estetiche e che sia dettato invece da una convinzione radicata dentro alla nostra mente. Convinzione che assieme ad altre conduce il nostro percorso di crescita su questo pianeta. Percorso spirituale, conoscitivo esperienziale in genere. Quando capita però che la percezione delle cose sia alterata da fattori che forniscono visioni distorte ecco che le nostre scelte si rivelano ponderate in base a ciò che pensavamo e che invece non è attinente alla realtà. Pregiudizio ad esempio come anche esperienze meno felici o semplicemente la nostra natura umana ci possono distogliere da ciò che è realtà o almeno non farci percepire pienamente l'entità degli eventi. Bisogna essere presenti a noi stessi nel tentativo di recepire consapevolmente le situazioni e non fraintenderne i contenuti. Le convinzioni sbagliate sono deleterie per il buon andamento della nostra esistenza, capaci persino di sminuire se non addirittura cancellare le cose buone che ognuno di noi comunque compie. Un po' come accade nel modo di dire che "la moneta buona scaccia quella cattiva" ecco che anche nella nostra esistenza le azioni non performanti dovute magari prorpio a false convinzioni distruggono le buone azioni. Un po' come accade nella vita di un leader dove la buona conduzione dell'impresa deve essere in linea con la sua vita privata. Qaunte volte alcuni amministratori pubblici validi dal punto di vista della *leadership* si sono visti avvicendare a causa delle loro azioni non in linea con lo status pubblico.

Vivere ardendo e non bruciarsi mai

Così recitava un celeberrimo poeta che esprimeva così il senso della vita.

Quando arrivi in vetta l'unica cosa che puoi fare è ammirare il panorama.

E poi?

Non arrenderti. Rischieresti di farlo un'ora prima del miracolo.

Printed by Books on Demand GmbH, Norderstedt / Germany